사말의 노래

사말의 노래

1975년 5월 15일 교회 인가
1953년 1월 15일 초판 1쇄 펴냄
1992년 9월 30일 개정 초판 1쇄 펴냄
2001년 5월 15일 개정 2판 1쇄 펴냄
2020년 2월 10일 개정 3판 1쇄 펴냄
2024년 8월 6일 개정 3판 4쇄 펴냄

지은이 · 윤형중
펴낸이 · 정순택
펴낸곳 · 가톨릭출판사
편집 겸 인쇄인 · 김대영
편집 · 김지영, 강서윤, 김소정, 박다솜
디자인 · 강해인, 송현철, 이경숙, 정호진
마케팅 · 안효진, 황희진
본사 · 서울특별시 중구 중림로 27
등록 · 1958. 1. 16. 제2-314호
전자우편 · edit@catholicbook.kr
전화 · 1544-1886(대표 번호)
지로번호 · 3000997
ISBN 978-89-321-1689-1 02230

값 5,500원

가톨릭의 모든 도서와 성물을 '가톨릭출판사 인터넷쇼핑몰'에서 만나 보실 수 있습니다.
http://www.catholicbook.kr | (02)6365-1888(구입 문의)

성경 · 교회 문헌 ⓒ 한국천주교중앙협의회

이 책은 저작권법에 의해 보호를 받는 저작물이므로 무단 전재와 무단 복제를 금합니다.

인간이 피할 수 없는 마지막 네 가지 문제

죽음 | 심판 | 지옥 | 천국

사말의 노래
四末

윤형중 지음

가톨릭출판사

머리말

"모든 언행에서 너의 마지막 때를 생각하여라. 그러면 결코 죄를 짓지 않으리라."(집회 7,36)

사람은 누구든지 한 번은 죽고, 심판을 받아야 하고, 천국이나 지옥으로 가야만 한다.

이것이 우리가 피할 수 없는 네 가지 마지막 문제이다. 우리는 이 세상에 태어날 때, 이미 사형 선고를 받고 나왔다. 이 사형 집행 기일은 날이 갈수록 우리에게 육박한다. 여기에 우리의 끔찍한 영원 문제가 달려 있다!

이것을 깊이 생각한다면 죄를 범할 수도 없고, 냉담할 수도 없다. 그러나 많은 사람들이 여기에 무관심하고, 심지어는 이것을 생각하기 싫어하는 심리는 무엇일까? 그것은 임종에 가까운 중병 환자가, 자기 병이 중하다는 말을 듣기 싫어하는 그 심리와 공통된 점이 있지 않을까?

이 《사말의 노래》는 일찍이 〈경향잡지〉에 연재되었던 것을 독자들의 요구에 응하여, 약간 수정하고 증보하여, 문예적 작품으로가 아니라, 한 묵상서로 내놓는 것이다. 여기에 공명共鳴되는 심금心琴이 적지 않을 줄 알기 때문이다.

1952년 11월 위령의 날
부산 수정동에서 윤형중 신부

1

백년천년　살듯이　팔딱거리던
청춘이라　믿어서　염려않던몸
거기에도　죽음은　갑자기덤벼
용서없이　목숨을　끊어버린다.

2

죽음에는　남녀도　노소도없고
빈부귀천　차별도　없다하지만
설마나도　그러랴　믿고있더니
이설마에　결국은　속고말았네.

3

청한신부 　공교히 　아니계시고
집안식구 　옆에서 　헛되이체읍
공포의혹 　물결은 　맘에요란코
천만고통 　온몸을 　바수는중에

4

모래같이 　작다고 　막범한죄는
태산같은 　큰괴물 　앞에나서고
잠결에든 　꿈같이 　알던지옥은
흉한입을 　벌리고 　삼키려든다.

---

3 신부 神父 / 공교 工巧 / 체읍 涕泣 / 공포의혹 恐怖疑惑

"'악인들은 요동치는 바다와 같아 가만히 있지 못하니 그 물결들은 오물과 진창만 밀어 올린다. 악인들에게는 평화가 없다.' 나의 하느님께서 말씀하신다."(이사 57,20-21)

4 "고집 센 마음은 고생으로 짓눌리고 죄인은 죄악에 죄악을 쌓으리라."(집회 3,27)

5

벽력같은　양심의　호령은요란
오락가락　정신은　산란한중에
진실상등　통회가　나올수있나?
재촉하던　죽음은　덤벼들었다.

6

실낱같은　숨결이　마지막지니
염통까지　온몸은　싸늘히식고
부드럽던　사지도　돌같이굳어
보기에도　흉측한　시체이로다.

---

5 벽력 霹靂 / 진실상등통회 眞實上等痛悔
6 사지 四肢

7

흰자위만 보이는 푹꺼진눈에
양미간을 찡그린 창백한얼굴
검푸르게 변색된 입과입시울
보기에도 흉측한 송장이로다.

8

의지없이 외로운 너의영혼이
이세상을 마지막 떠나던그때
얼마나큰 고통을 당하였는지
네얼굴이 그대로 말하는도다.

---

7 양미간 兩眉間 / 변색 變色

9

지나가는 신부를 보기만해도
제양심이 보채어 피해가더니
지공지엄 사심판 천주대전에
홀로꿇어 얼마나 떨고지냈나?

10

온갖맵시 다차려 모든사랑을
제한몸에 받으려 허덕이더니
송장봐라 지겹다 피해내빼는
뭇사람의 염오를 알고있느냐?

---

9 신부 神父 / 지공지엄 至公至嚴 / 사심판 私審判
10 염오 厭惡

11

남의마음 끌려고 애도쓰더니
참지못할 독취를 내피고있어
오는이의 고개를 돌이켜주고
피하는자 걸음을 재촉해주지!

12

신식이란 다차려 양장을하고
아양피는 얼굴에 간사한웃음
별난몸짓 다꾸며 저만잘난듯
뵈는곳에 나서기 좋아하던몸.

---

11 독취 毒臭

13
변화없는　수의를　입고누워서
널판때기　네조각　그것이치장
상여속에　떼며감　호사이랄까?
광속에나　누워서　아양좀피지.

14
사정없는　가랫밥　황토덩어리
취흥겨워　발맞춰　내려다지는
상두꾼의　무지한　힘찬달구질
받아둬라　세인의　마지막대우

---

13 수의 壽衣 / 치장 治裝 / 상여 喪輿 / 광 壙
14 황토 黃土 / 취흥 醉興 / 세인 世人 / 대우 待遇

15

인사체면　끌리어　따라온무리
여기저기　두셋씩　모여앉아서
제사정의　얘기만　열중들하네.
지루한듯　일끝을　재촉들하네.

16

귀찮은일　다했다　발길돌이켜
시원한듯　바쁜듯　돌아들가고
계견소리　아득한　적막한곳엔
어제없던　봉분만　하나늘었네.

---

15 인사체면 人事體面 / 열중 熱中
16 계견 鷄犬 / 적막 寂寞 / 봉분 封墳

17

집구석에 있기는 멀미가나서
남의눈을 피하여 쏘다니던몸
좁고좁은 널속에 갇히어있어
갑갑하게 그처럼 파묻혀있나.

18

자나깨나 생각던 불량자동무
재미나는 그틈에 왜못가고서
찬바람만 우수수 부는벌판에
외롭게도 혼자만 누워있는가?

19

날저물어　쓸쓸한　공동묘지에
귀뚜라미　구슬픈　울음소리는
네영혼의　애타는　통곡소린가?
억만번을　울어도　때는늦었다.

20

세례받은　교우라　연도들하네.
제대위에　불켜고　미사드리네.
받을준비　됐어야　그은혜받지.
시체에게　음식도　소용이되나?

---

20 세례 洗禮 / 연도 煉禱 / 제대 祭臺

21

찬류세상 끝났다 위로들하네.
천국복에 들었다 울지말라네.
이말듣고 식구들 그럴싸하네.
무슨운명 당한줄 알기나하나?

22

무덤위에 떴던달 서산에지고
눈물같은 이슬에 잔디만젖네.
흰구름은 허공에 무심히돌고
솔잎새에 바람은 처량히우네.

---

21 찬류 竄流
22 서산 西山

23

세상사람　무심툿　자연도무심
춘하추동　여전히　되돌겠지만
무덤속의　진행은　곧은목일세.
직선으로　나갈뿐　돌지를않네.

24

땀한방울　흘리기　사양하던몸
검고붉은　추기물　흘러내려도
더러운지　추한지　알지못하고
막대같이　뻣뻣이　놓인그대로.

---

23 자연 自然 / 무심 無心 / 진행 進行 / 직선 直線

25

미안백분　　화장품　　한껏들여서
예쁜모양　　내려고　　애도쓰더니
그얼굴에　　구더기　　들썩거리고
흐늑흐늑　　썩음을　　알기나하나?

26

부드러운　　비단만　　입으려하고
입에맞는　　음식만　　골라먹더니
버러지의　　양식을　　준비해주려
그와같이　　몹시도　　안달을했나?

---

25 미안백분 美顔白粉

"부패와 구더기가 그 무모한 자를 차지하여 그의 영혼은 파멸에 이르리라."(집회 19,3)

"구더기가 네 밑에 요로 깔리고 벌레가 네 이불이 되었구나."(이사 14,11)

27

아리따운 자태는 형용도없이
흥건하게 널속에 괴어썩는것
화장품의 향내는 어디로가고
코찌르는 독취만 가득하구나!

28

거울앞에 앉아서 꾸미던얼굴
구멍세개 뚜렷한 해골바가지
신식치장 다차려 모양내던몸
엉성한뼈 몇가락 이게네차지.

---

27 "지금 네가 너를 아껴 네 육신을 섬길수록 후에 엄한 벌을 당할 것이요, 불에 탈 것들만 더 많이 지니게 될 것이다."(《준주성범》 1권, 24,3)

29

굶주리고 헐벗은 가난뱅이는
티끌같이 눈아래 내려보더니
잘났다는 제몸은 얼마잘나서
먼지되고 흙되어 흩어지는가?

30

어둔하늘 유성이 스치고가면
자취까지 다시는 볼수없듯이
번개같이 순식간 살던내몸은
이세상에 영원히 사라졌도다.

---

30 "그 모든 것은 그림자처럼, 지나가는 소문처럼 사라져 버렸다. 그것은 배가 높은 물결을 헤치고 갈 때와 같다. 한번 지나가면 자취를 찾을 수 없고 파도 속에 용골이 지난 흔적도 없다.
우리도 이처럼 태어나자마자 사라져 버린 것. 남에게 보일 만한 덕의 형적조차 남기지 못하고 악으로 우리 자신을 소모하였을 뿐이다."(지혜 5,9-10.13)

31

성사받기　너무나　싫어도하고
도리훈계　몹시도　염증내더니
그모든것　뒤두고　휙돌아서서
끝날까지　찾은것　이것일러냐?

32

짧고짧은　일생에　맛보던쾌락
꿈이라면　아직도　다행이련만
허탄하긴　꿈같이　허탄하여도
딸린벌은　끝없이　걱정이로다.

---

31 성사 聖事 / 도리훈계 道理訓戒

33

폭양밑에　　헤매는　　작은개미들
겨울추위　　준비를　　할줄알거든
만물으뜸　　훌륭한　　사람이되어
한이없는　　지옥불　　생각못했나?

34

아마아마　　너떠난　　네영혼의꼴
너와함께　　멸망에　　있지않는지
두리노라　　묻노라　　어찌되었노?
두리노라　　묻노라　　어찌되었노?

---

33 폭양 曝陽

"너 게으름뱅이야, 개미에게 가서 그 사는 모습을 보고 지혜로워져라. 개미는 우두머리도 없고 감독도 지도자도 없이 여름에 양식을 장만하고 수확 철에 먹이를 모아들인다."(잠언 6,6-8)

35

여보시오 벗님네 이내말듣소.
지금말한 이죽음 잊지마시오.
남의일로 알고서 잊지마시오.
그대역시 조만간 당할것이오.

36

이런운명 당신은 피할줄아오?
하늘땅이 무너져 변할지라도
그대역시 죽어서 썩어질것은
중천에뜬 해보다 더분명하오.

---

36 중천 中天
"하늘과 땅은 사라질지라도 내 말은 결코 사라지지 않는다."(마태 24,35)

37

재깍재깍　초침의　도는소리는
우리생명　그만큼　깎는소리요,
한치두치　나가는　해그림자는
우리일생　그만큼　덮어나가오.

38

남의부고　우리가　받지않았소?
우리부고　남에게　한번갈게요.
남의시체　우리가　보지않았소?
우리시체　남들이　한번볼게요.

---

37 초침 秒針

"사람이란 여인에게서 난 몸, 수명은 짧고 혼란만 가득합니다. 꽃처럼 솟아났다 시들고 그림자처럼 사라져 오래가지 못합니다."(욥기 14,1-2)

38 부고 訃告

39

우리죽어 사심판 들어갈때는
부모처자 형제도 따를수없소.
친한친구 동지도 따를수없소.
혈혈단신 혼자만 끌려갈게요.

40

무덤까지 따라와 이별하고서
제발길을 돌이켜 돌아간다음
생각까지 다시는 아니할게요.
세상사람 모두를 이러한게요.

---

39 사심판 私審判 / 동지 同志 / 혈혈단신 孑孑單身

41

꿈같지만 　전생에 　범한죄벌과
울며불며 　세웠던 　선행공로만
끝날까지 　우리를 　따라설게요.
영원토록 　우리를 　안떠날게요.

42

지공지엄 　주대전 　압령되며는
자손들의 　선행도 　소용이없소.
조상들의 　공로도 　소용이없소.
자기자신 　소행만 　저울질하오.

---

41 전생 前生 / 죄벌 罪罰 / 선행공로 善行功勞

42 지공지엄 至公至嚴 / 주대전 主臺前 / 압령 押領

"거기에 노아와 다니엘과 욥이 있다 하더라도, 내가 살아 있는 한, 그들은 아들도 딸도 구하지 못할 것이다. 주 하느님의 말이다. 그들은 자기들의 의로움으로 제 목숨만 구할 수 있을 따름이다."(에제 14,20)

43

지금부터 백년후 오늘이때면
우리해골 땅속에 이미썩었고
천국이나 지옥중 그어느곳에
우리영혼 벌써가 들어있겠소.

44

지옥이란 말만은 간단하지만
우리실제 당하면 어찌할테요?
생각하면 소름이 끼치지않소?
생각하면 온몸이 떨리지않소?

45

지옥영혼　이세상　다시산다면
예외없이　모두다　성인되리다.
지옥형벌　얼마나　무서운겐지
예외없이　모두다　성인되리라.

46

지옥불에　떨어진　저모든영혼
가고싶어　일부러　간줄아시오?
하루이틀　회개를　미루어가다
삽시간에　뜻밖에　벼락맞았소.

---

45 예외 例外 / 성인 聖人

47

기다림에　반드시　한도가있고
참는데도　반드시　한도가있소.
그한도는　천주의　안배에있소.
안배하신　한도를　어찌알겠소?

48

오늘하루　어떠랴　방심턴영혼
그하루로　한도를　넘어선게요.
참아오던　천주의　정의의칼날
그하루를　찍어서　심판하셨소.

---

47 안배 按排

"진정 그의 날들은 정해졌고 그의 달수는 당신께 달려 있으며 당신께서 그의 경계를 지으시어 그가 넘지 못합니다."(욥기 14,5)

48 방심 放心 / 정의 正義 / 심판 審判

49

죽는줄을 알고서 죽기나했나?
더살려고 애쓰다 죽어버렸지
죽을때를 안다면 그냥죽겠소?
한시바삐 서둘러 준비했겠지.

50

병앓다가 약먹고 나은일있어
이번에도 희망을 약에다두네.
천주안배 벌써다 결정됐지만
좋은약만 들여라 재촉을하네.

---

49 "이것을 명심하여라. 도둑이 몇 시에 올지 집주인이 알면, 자기 집을 뚫고 들어오도록 내버려 두지 않을 것이다. 너희도 준비하고 있어라. 너희가 생각하지도 않은 때에 사람의 아들이 올 것이다."(루카 12,39-40)

51

가슴깊이 　타고난 　강한생명욕
설마내가 　죽으랴 　장담을하네.
어리석게 　이장담 　아직도믿고
영혼준비 　앓고서 　살줄만믿네.

52

식은땀은 　드디어 　온몸에솟고
고군분투 　심장만 　약하게뛸뿐
팔과다리 　벌써다 　함락하였고
뒤를이어 　호흡도 　백기들려네.

---

51 생명욕 生命慾 / 장담 壯談
52 고군분투 孤軍奮鬪 / 함락 陷落 / 백기 白旗
"이 전투에는 누구든지 다 패한다."(제1차 세계 대전 연합군 총사령관 조프르 원수가 병석에서 최후로 남긴 말)

53

처음으로 이세상 나올때에는
제어미를 지극히 괴롭히더니
이세상을 마지막 떠나는때는
저자신이 고통중 자지러지네.

54

천길만길 혼자서 떨어지지만
집안식구 옆에서 울기나할뿐
손끝한번 놀려서 돕도못하고
눈물이나 흘리며 구경만하네.

55

머릿속에 세웠던 화려한공상
거품처럼 힘없이 꺼져버렸고
애지중지 아끼던 가산집물은
싱거운듯 냉정히 조소를하네.

56

기를쓰던 심장이 멈춰버리니
핏기없는 싸늘한 깡마른얼굴
정기빠져 흐릿한 푹꺼진눈에
치켜진코 탄입술 처진아래턱.

---

55 가산집물 家産什物 / 조소 嘲笑
"악인의 기대는 무너지고 만다."(잠언 10,28)
56 정기 精氣

57

땀에젖어　축축한　베개너머로
어지럽게　흩어진　흉한머리털
되는대로　던져진　팔과두다리
이제부터　관성의　독재를받다.

58

우리와는　온전히　타계의존재
한방안에　있기도　격이안맞네.
등잔불도　두려워　움츠러들고
창밖에선　바람도　비명을짓네.

---

57 관성(타성) 慣性(惰性) / 독재 獨裁
"그리스도를 떠나서는 죽음은 무섭고 지겨운 자연의 흉사凶事이다."(파스칼)
58 타계존재 他界存在

59

부모처자 형제간 따뜻한정도
이로부터 끊은듯 싸늘히식고
무서움만 방안에 스며드는중
산사람의 염통도 어는듯하오.

60

천주공경 그처럼 푸대접하고
수계범절 그처럼 인색하더니
그만둬라 이제는 청산해보자.
참아오던 천주는 팔을드셨네.

---

59 "분명히 죽을 고비는 넘겼나 보다 생각하며…."(1사무 15,32)
60 수계범절 守誡凡節

61

임종할때   어느덧   잃었던정신
저세상에   넘어가   다시깨났소.
배암처럼   지겨운   죄악의영혼
깨난정신   이런꼴   발견하였소.

62

사욕편정   어리어   멀었던눈이
이제와서   늦게야   활짝열렸네.
사주구령   이처럼   큰문제런가?
그정체를   보고서   초풍을하네.

---

61 "살아 계신 하느님의 손에 떨어지는 것은 무서운 일입니다."(히브 10,31)

62 사욕편정 邪慾偏情 / 사주구령 事主救靈 / 정체 正體
"이렇게 생각하지만 그들이 틀렸다. 그들의 악이 그들의 눈을 멀게 한 것이다."(지혜 2,21)

63

한말로써 천지를 창조한전능
지공무사 위없는 무한한위엄
벌레처럼 무능한 죄인의영혼
지옥밖에 바랄것 또어디있소?

64

부르시는 천주를 저버린것도
손에닿는 영복을 내버린것도
어디가서 누구게 호소하겠소?
처음부터 끝까지 자기탓인걸.

63 지공무사 至公無私

"악인은 불행으로 죽고…."(시편 34,22)

64 "분노한 사람의 얼굴을 보고도 무서워 떠는 네가, 너의 모든 잘못을 아시는 하느님께는 무엇이라 대답할 것인가?"(《준주성범》 1권, 24,1)

65

되는대로 사귀인 불량한친구
허겁지겁 모아둔 불의한재물
판관앞에 놓여진 증거품일세.
되잡아서 이럴줄 누가알았나?

66

식구들의 애끊는 통곡소리에
온집안은 눈물에 숨막혀있네.
무슨선고 받은지 염려나하나?
제신세를 생각고 가슴들치네.

---

65 불량친우 不良親友 / 불의재물 不義財物 / 판관 判官
66 단장 斷腸

67

수시걷어 치워논 더러운송장
저상전의 쾌락을 도모해주려
양심까지 모두다 희생했더니
그결과가 끝날에 이런것인가?

68

지붕위에 까마귀 우짖지마라.
지옥영벌 선고를 조상하느냐?
생일잔치 해마다 향기로웠다.
그생일을 영원히 저주들하라.

---

67 수시 收屍 / 상전 上典
68 "차라리 없어져 버려라, 내가 태어난 날…."(욥기 3,3)

69

아들났다 　 딸났다 　 기뻐한부모
순산했다 　 축하한 　 이웃사람들
무엇보고 　 그처럼 　 기뻐하였소?
지금와서 　 이내꼴 　 눈여겨보오.

70

초상났다 　 모여든 　 동네사람들
이런줄은 　 꿈에도 　 생각지않고
장례준비 　 의논만 　 분분한신세
돌아보니 　 부럽기 　 한량이없소.

---

69 "그 사람은 차라리 태어나지 않았더라면 자신에게 더 좋았을 것이다."(마태 26,24)

71

좋은널을   사오라   좋은염포를….
성대하게   차려라   장례절차를….
부질없는   공론을   하지들마소.
온세상을   다준들   소용이되리?

72

떡을해라   술해라   떠들썩하네.
나만죽고   저희는   죽지않을듯
술과안주   나누기   정신들없네.
미련하고   철없는   장래송장들.

71 염포 殮布

"사람이 온 세상을 얻고도 제 목숨을 잃으면 무슨 소용이 있겠느냐? 사람이 제 목숨을 무엇과 바꿀 수 있겠느냐?"(마태 16,26)

73

하나둘씩 모이는 조상꾼들아
두번없는 일생은 값진것이니
방심타가 이런꼴 당하지말고
제구령에 총력을 집중들하소.

74

시체보고 돌아서 나가는친구
못볼것을 본듯이 얼굴변하네.
나가서도 멀찍이 외면을하네.
저런것을 친구라 믿고지냈소?

73 구령 救靈 / 총력 總力

75

요행인듯　손쉽게　누리던재미
아름답고　화려한　고운꽃송이
앞에던진　미끼를　누가알았나?
지금보니　그속에　낚시가있소?

76

저혼자만　잘난듯　혼자약은듯
지혜쓰고　꾀쓰고　모략쓴것이
제손으로　결국은　제목을얽어
마귀손에　갖다가　잡혀준게요.

75 "정녕 낯선 여자의 입술은 꿀을 흘리고 그 입속은 기름보다 매끄럽지만 그 끝은 쓴흰쑥처럼 쓰디쓰고 쌍날칼처럼 날카롭다. 그 여자의 발은 죽음으로 내려가고 그 걸음은 저승을 향한다."(잠언 5,3-5)

"빛깔이 좋다고 술을 들여다보지 마라. 그것이 잔 속에서 광채를 낸다 해도, 목구멍에 매끄럽게 넘어간다 해도 그러지 마라. 결국은 뱀처럼 물고 살무사처럼 독을 쏜다."(잠언 23,31-32)

77

수호천사 이제는 떠나가시라.
구품천사 다와도 별수가없소.
마귀말만 들어온 죄악의영혼
마귀손에 끌려서 지옥에가오.

78

바다바다 불바다 끝없는바다
악마들이 들끓는 악마의바다
가슴속을 깨무는 독충의바다
원망낙담 통곡성 넘치는바다.

77 수호천사 守護天使 / 구품천사 九品天使

78 "저주받은 자들아, 나에게서 떠나 악마와 그 부하들을 위하여 준비된 영원한 불 속으로 들어가라."(마태 25,41)

79

꿈결같은 　 전생에 　 범했던죄악
소죄대죄 　 모두다 　 여기와있네.
제몸에서 　 낳아논 　 독사들일세.
제어미를 　 알고서 　 휘감아드네.

80

범죄할때 　 사랑턴 　 공범자들이
여기와선 　 악독한 　 원수가됐네.
이를갈며 　 덤비는 　 무서운발악
이성화를 　 영원히 　 어떻게받나?

79 "지옥에서는 그들을 파먹는 구더기도 죽지 않고 불도 꺼지지 않는다."(마르 9,48)

"저 쓸모없는 종은 바깥 어둠 속으로 내던져 버려라. 거기에서 그는 울며 이를 갈 것이다."(마태 25,30)

80 "괴로움을 견디지 못하고 미친개와 같이 날뛰며 울부짖을 것이다."(《준주성범》 1권, 24,3)

81

털끝만한　위로도　없는가운데
일초라도　형벌은　쉬지를않고
실낱같은　희망도　없는가운데
생명끊어　자살도　할수가없네.

82

화롯불에　떨어져　몸부림치는
버러지의　애타는　참상을보소.
죽지않고　그대로　고생한다면
지옥영혼　모상이　그아니겠소?

82 "거기서 한 시간 벌 받는 것이, 여기서 몇 년 동안 큰 벌을 당하는 것보다 더하다. 거기서 벌받는 사람들은 쉴 새가 없고 아무 위로도 없다."(《준주성범》 1권 24,4)

83

천년만에   한번씩   새가날아와
삼각산에   앉았다   날아간다면
새의발에   닳아서   저삼각산도
언제든지   한번은   없어질게요.

84

삼각산이   이처럼   없어지기를
천번만번   다시금   반복하여도
지옥벌은   영원히   그치지않소.
영원이란   이말은   참말무섭소.

---

83 "이 세상에 있었고 또 있게 될 모든 사람들의 머리털만큼 그렇게 많은 여러 천년이 지난 다음에는 자기 형벌이 그칠 희망이 있다면 가벼운 마음으로 자기 형벌을 참으련만…!"(아우구스티노 성인)

"여기에 들어가는 자는 모든 희망을 포기하라."(단테, 《신곡》)

85

지옥벌이 과중타 원망마시오.
지존무대 천주의 무한한사랑
이사랑을 배척한 배은망덕엔
무한한벌 마땅히 있어야하오.

86

천국지옥 열쇠는 우리게있소.
지금우리 자유에 열쇠는있소.
천국복에 들는지 선택하시오.
지옥불에 탈는지 결정하시오.

---

85 지존무대 至尊無對 / 배은망덕 背恩忘德

86 "내가 너희 앞에 생명의 길과 죽음의 길을 놓아둔다."(예레 21,8)

87

우리없이 　우리를 　조성한천주
우리없이 　우리를 　구하지않소.
지옥길로 　나가면 　지옥에가오.
우리앞길 　막을자 　아무도없소.

88

생각해서 　지옥을 　결정했거든
부지런히 　쾌락을 　서둘러보소.
지옥가면 　이런것 　조금도없소.
죽기전에 　제힘껏 　탐구해보소.

---

87 "너 없이 너를 만드신 하느님께서 너 없이는 너를 구하지 않으시리라."(아우구스티노 성인)

88 탐구 探求

89

제아무리 쾌락만 누리려해도
번민고통 그만큼 따라설게요.
이세상은 본시가 고해인것을….
어디와서 무엇을 찾자는게요?

90

지옥가서 때늦게 후회할테면
세상에서 차라리 통회합시다.
언제든지 한번은 후회할테면
늦기전에 미리서 손을씁시다.

---

89 고해 苦海
90 통회 痛悔
"너희도 회개하지 않으면 모두 그렇게 멸망할 것이다."
(루카 13,5)

91

생각해서　천국을　선택했거든
삼구전쟁　용맹히　이겨야하오.
지옥영혼　모두들　이런말하오.
천국영혼　모두들　이런말하오.

92

다른사람　무어라　말들하든지
다른사람　무슨짓　하고있든지
우리실속　우리가　차려야하오.
우리영혼　우리가　구해야하오.

91 삼구전쟁 三仇戰爭
92 "질서 있는 사랑은 자기로부터 시작한다."(서양 격언)

93

세상사람　일생은　전쟁이라오.
파수보며　싸우기　귀치않지만
생사문제　달린걸　어찌하겠소.
승전하는　날까지　싸울수밖에.

94

숨막는듯　괴롭고　답답하지만
새깃처럼　가벼운　양심의평화
겉으로는　얕은맛　달콤하지만
염통속을　저미는　양심의가책.

---

93 "인생은 땅 위에서 고역이요 그 나날은 날품팔이의 나날과 같지 않은가?"(욥기 7,1)

"정신을 차리고 깨어 있도록 하십시오. 여러분의 적대자 악마가 으르렁거리는 사자처럼 누구를 삼킬까 하고 찾아 돌아다닙니다."(1베드 5,8)

95

폭풍우는 　세상을 　뒤집어엎고
미친물결 　우리를 　삼키려해도
양심만은 　끝까지 　따라야하오.
천주께서 　보내신 　나침반이오.

96

살얼음을 　밟고서 　사는우리요.
거미줄을 　잡고서 　사는우리요.
잠시인들 　어떻게 　방심하겠소?
발밑에가 　그바로 　지옥인것을….

95 나침반 羅針盤

"끝까지 견디어 내는 이는 구원을 받을 것이다."(마태 24,13)

96
"우리와 천국이나 지옥 사이에는, 이 세상 사물 중 가장 취약한 생명이 있을 뿐이다."(파스칼)

97

눈을들어　　저건너　　바라보시오.
우리묻힐　　무덤이　　저기보이오.
시간이란　　상여에　　실려진우리
힘못쓰고　　무덤에　　끌리어가오.

98

해가뜨고　　해가져　　하루가되면
무덤까지　　그만큼　　가까워졌고,
꽃이지고　　꽃이펴　　한해가되면
무덤까지　　그만큼　　끌려온게요.

97 상여 喪輿

98 "죽음은 더디 오지 않고 저승의 계약은 너에게 알려지지 않았다는 것을 기억하여라."(집회 14,12)

99

여우같은   희망에   속지말고서
정신차려   똑똑히   생각하시오.
무덤까지   앞길에   별것이없소.
어제오늘   모두다   이럴뿐이오.

100

더살려고   애쓸것   도무지없소.
십년이나   이십년   일분차이요.
단하루를   살아도   값있게살고
공로세워   그일생   채워야하오.

---

99 "사람은 희망에 속아 산다."(서양 격언)

100 "짧은 생애 동안 완성에 다다른 그는 오랜 세월을 채운 셈이다."(지혜 4,13)

"백 살에 죽는 자를 젊었다 하고 백 살에 못 미친 자를 저주받았다 하리라."(이사 65,20)

101

공동묘지 콩명석 파헤치시오.
황토속의 백골들 들춰내시오.
부귀공명 자취는 그어디있소?
빈궁환난 그림자 그어디있소?

102

이뼈다귀 그래도 살았을때는
구름같은 세복을 손에잡으려
노심초사 주야로 가슴태우고
땀흘리며 불과물 가리잖았소.

101 빈궁환난 貧窮患難
102 세복 世福 / 노심초사 勞心焦思

103

땅위에를 이제는 둘러보시오.
남녀노소 도처에 쏘다니는꼴
무엇찾아 그처럼 애타는게요?
북망산에 누웠을 장래백골들.

104

허탄하단 말들은 많이하지만
생각하오 이보다 더허탄한것.
천주사랑 밖에는 모두가허사
솔로몬의 이명담 틀림이있소?

---

103 북망산 北邙山

104 "나는 태양 아래에서 이루어지는 모든 일을 살펴보았는데 보라, 이 모든 것이 허무요 바람을 잡는 일이다."(코헬 1,14)

105

세상낙이 도대체 그무엇이오?
세상고가 도대체 그무엇이오?
지내놓면 흩어진 연기같은걸
수덕입공 왜그리 주저하시오?

106

가을하늘 찬서리 찬바람불면
힘못쓰고 우수수 낙엽지듯이
매일같이 무수한 남녀노소가.
영원에로 떨어져 심판을받소.

105 세상낙 世上樂 / 세상고 世上苦 / 수덕입공 修德立功

106 "악인들은 멸망하고 주님의 원수들은 초원의 화사함처럼 사라지리라. 연기 속에 사라지리라."(시편 37,20)

107

우리아직 세상에 살아있음은
천주안배 총망중 잊은줄아오.
우리들의 머리털 세어보시며
호흡맥박 일일이 살피시는걸.

108

가슴속에 뛰노는 우리의심장
이심장의 고동을 멈추는것은
전능하신 천주께 힘이들겠소?
가끔보는 참상이 이아니겠소?

107 "참새 두 마리가 한 닢에 팔리지 않느냐? 그러나 그 가운데 한 마리도 너희 아버지의 허락 없이는 땅에 떨어지지 않는다. 그분께서는 너희의 머리카락까지 다 세어 두셨다."(마태 10,29-30)

108 참상 慘狀

109

우리생명　이처럼　참아주심은
육신쾌락　돌보라　그뜻이겠소?
세상재미　더보라　그뜻이겠소?
참으시는　이유가　어디있겠소?

110

맑은샘물　옆에다　버려두고서
괭이들고　생땅을　왜파는게요?
파다파다　지쳐서　쓰러지며는
그자리에　백골로　파묻힐것을….

109 쾌락 快樂

110 "정녕 내 백성이 두 가지 악행을 저질렀다. 그들은 생수의 원천인 나를 저버렸고 제 자신을 위해 저수 동굴을, 물이 고이지 못하는 갈라진 저수 동굴을 팠다."(예레 2,13)

111

어린아이　어미품　그리워하듯
주모대전　나아갈　죽음의그날
그립도록　거룩히　살라는게요.
참으시는　이유가　여기에있소.

112

주린사람　잔칫날　기다리듯이
천국복에　들어갈　죽음의그날
고대토록　깨끗이　살라는게요.
참으시는　이유가　여기에있소.

111 "나는 이 둘 사이에 끼여 있습니다. 나의 바람은 이 세상을 떠나 그리스도와 함께 있는 것입니다. 그편이 훨씬 낫습니다."(필리 1,23)

112 "우리는 확신에 차 있습니다. 그리고 이 몸을 떠나 주님 곁에 사는 것이 낫다고 생각합니다."(2코린 5,8)

113

조물주의   이런뜻   모른체하고
시름없이   딴전을   왜피는게요?
일초일초   다투어   서둘러대도
남은일생   오히려   부족할것을….

114

그날그날   우리의   일거일동은
영원에로   넘어가   예금이되오.
연옥에나   지옥의   형벌도되면
하늘나라   진주나   황금도되오.

---

113 "내가 불렀건만 너희는 들으려 하지 않고 손을 내밀었건만 아무도 아랑곳하지 않았기에…."(잠언 1,24)

114 예금 預金

115

무정할사 　 세월은 　 흐르고있네.
공로세워 　 천복을 　 쌓올리든지
범죄하여 　 후세벌 　 장만하든지
무정할사 　 세월은 　 흐르고있네.

116

무심하게 　 하루를 　 지내는동안
예금고는 　 저기서 　 오르고있네.
예사로운 　 일이라 　 등한하겠소?
우리앞에 　 예금이 　 달라지는걸.

115 "보라, 내가 곧 간다. 나의 상도 가져서 각 사람에게 자기 행실대로 갚아 주겠다."(묵시 22,12)
116 "하늘에 보물을 쌓아라."(마태 6,20)

117

오늘하루　사는건　큰은혜이오.
이세상에　티끌을　알뜰히모아
황금이나　진주로　변작하여서
부지런히　천국에　예금합시다.

118

쉴새없이　천공을　달리는지구
그속도는　포탄의　사오배라네.
우리죽음　결국은　이런속도로
우리가슴　겨누고　돌진해오네.

117 "여러분은 먹든지 마시든지, 그리고 무슨 일을 하든지 모든 것을 하느님의 영광을 위하여 하십시오."(1코린 10,31)
118 천공 天空

119

눈을뜨고 　아침에 　일어나거든
그하루를 　최후로 　생각들하고,
밤이되어 　자리에 　눕게되거든
임종하는 　자리로 　준비들하소.

120

주성모는 　우리를 　굽어보소서.
이세상에 　천만번 　태울지라도
후세상엔 　우리를 　용서하소서.
후세상엔 　우리를 　용서하소서.

119 "낙심하지 말고 계속 좋은 일을 합시다. 포기하지 않으면 제때에 수확을 거두게 될 것입니다."(갈라 6,9)

120 "주여, 이 세상에서 우리를 태우실지라도 후세에는 우리를 용서하소서."(아우구스티노 성인)

위령기도

+ 지극히 어지신 하느님 아버지,
  저희는 그리스도를 믿으며 살다가
  이 세상을 떠난 모든 이가
  그리스도와 함께 부활하리라 믿으며
  (아무)를 아버지 손에 맡겨드리나이다.

○ (아무)가 세상에 살아있을 때에
  무수한 은혜를 베푸시어
  아버지의 사랑과
  모든 성인의 통공을 드러내 보이셨으니
  감사 하나이다.

● 하느님 아버지,
  저희 기도를 자애로이 들으시어
  (아무)에게 천국 낙원의 문을 열어주시고
  남아있는 저희는 그리스도 안에서
  다시 만날 때까지
  믿음의 말씀으로 서로 위로하며 살게 하소서.
  우리 주 그리스도를 통하여 비나이다.

◎ 아멘.